Alain Martinez Mira del Pino

# Synesthésies

Danse et chant flamenco

Une guitare …la voix de Pepe Marchena,
Les jardins d'Andalousie frappent à ma porte
Et le ruissellement des arpèges syncopés flottent
Une pincée de corde et me voilà à Granada.

Danseurs et danseuses cambrés martelant de leurs pieds
Le tempo cascadant comme une bouffée
Et le chanteur à la voix vibrante de conteur
Le rythme s'accélère et les olé pleuvent en chœur .

Montant vers l'azur les senteurs de fleurs d'orangers
En fumerolles parfumées qui s'évaporent
Sont plus sensuelles que les sombres mandragores
Et toujours le claquement rotatoire des danseurs inspirés.

Ainsi va le flamenco avançant et tournant,
Et les femmes aux yeux de braise et port de reines,
Marquent la cadence du chant ondulant,
Les danseurs aux regards défiant la géhenne.

Le flamenco ,danse pétrie d'intériorité,
Enferme les danseurs arqués et félins
Des visages et des corps saisis par l'entrain
D'un rituel sacramentel déclamé.

Le cante hondo remonte les temps immémoriaux
Un mélange de rigueur et de fièvre oscillante
Les aigus tourbillonnants cèdent soudain à l'andante
D'un accord final qui donne la mort au flamenco.

Symphonie nocturne,

La nuit chantait son mystère que la brise colportait
Une symphonie ,con anima ,glissait dans l'air,
Je l'entendais pourtant ,c'était une élégie stellaire,
Sertie de bruissements et de soupirs étoilés.

La Voie lactée semblait le clavier d'un clavecin
Et les étoiles pulsaient de place en place
Elles composaient une symphonie d'arpèges fugaces
Les ténèbres s'éclairaient d'une poussière d'or fin.

La lune revêtue ,d'une houppelande d'argent
Jouait les éclairagistes du clair-obscur d'aigue-marine ,
Les nuages nacrés se fondaient dans le firmament ,
On eût dit le ciel tourbillonnant de Vincent .

Il venait des cieux comme une prière,
Instants d'appartenance de l'homme à l'univers,
La nuit étoilée semblait un livre d'heures
Dont l'écriture onciale s'écrivait en lettre d'or.

La lumière pâle de fanal du clair de lune
Saupoudrait l'ombre complice pour nous plaire
Séléné nous offrait sa grâce tutélaire ,
Tu étais près de moi et nos âmes ne faisaient qu'une.

Beauté?

Parfois je m'interroge sur la beauté des choses
Qu'elle soit dans la musique qui me séduit
Un lamento de saxo qui swingue dans la nuit,
Un vibrato de violon beau comme un lit de roses.

La caravane nacrée des nuages en goguette;
Dans la vibration dorée des blés, le chant de l'alouette;
L'épaulement des Pyrénées dans les lointains ;
Et l'aurore maquillée de vermeil quand le jour point.

Le sourire d'un bébé sous le regard de sa mère;
Le jeu de lanternes japonaises des ramées ensoleillées;
Le déhanchement des carpes koi et leur ballet;
Les embruns qui scintillent au souffle de la mer.

L'ombre tutélaire des hêtres dans leurs forêts,
Un sentier bordé d'agapanthes et de mauves étiolées,
Le rouge vibrant d'un pavot sur son lit d'émeraude ;
Et le vol impérial d'un milan noir qui rôde…

Va et vient des fragrances du jour qui s'éteint;
L'indigo flottant sous la brise d'un champ de lin,
La dorure rotatoire d'une cohorte de tournesols,
Les aplats colorés des prés en clés de sol.

Ton sourire qui rayonne quand tu te sens aimée,
Ta démarche élégante quand tu viens à moi,
Et la volée de battements de tous mes émois,
Ton parfum délicat qui me fait tout oublier.

Lumière hivernale,.

Les arbres se sont dévêtus c'est l'hiver,
Ils offrent au ciel leurs bras qu'on croirait décharnés
L'entrelac des lignes géométriques a dessiné
La toile de fond grise du ciel qui semble sévère.

C'est la symphonie hivernale si singulière
Son andante berce nos éveils d'un soleil timide
Pourtant j'aime ce clair-obscur qui erre
La lumière solaire ne lui verse que peu de subsides.

Les grains de clarté ont tissé un ciel gouaché
L'aquarelle de l'éther nous semble délavé
Mais la terre embaume de senteurs profondes
Les feuilles mortes exhalent le sommeil du monde.

J'aime les aurores hivernales aux lueurs brumeuses
Elle content les amours du soleil et de la lune
Séléné et Phoebus enlacés pleurent leur infortune,
L'astre solaire triste quitte ,à l'aube,
son amoureuse.

Entends-tu dans la brise matinale leurs soupirs?
Ce sont ceux des divins amants qui se quittent
Un lamento aux souffles d'une élégie l'habite
Mais ,au crépuscule, ils s'aiment en éclat de saphir...

Ô tempora!

Le temps, le temps, sait-on vraiment ce qu'est le temps?
Si j'en crois les comtoises ,il s'entend mais ne se voit
Il a un pas de sénateur quand j'ai un contre-temps
Mais son train s'affole quand je suis en joie.

Tic, tac ,dit la pendule qui court après lui
On dirait qu'elle ne sait pas que le temps s'enfuit
Parfois le sabot claquant du cheval l'imite
Mais a-t-il appris que le temps est sans limite?

Le temps n'a pas de prénom il n'a pas été baptisé,
Car il n'est aucun substantif qui le puisse nommer
Alors cette répétition c'est le rythme de la durée
Quand je suis heureux le temps semble s'arrêter.

Invisible, c'est pourtant un artiste d'exception
C'est lui qui colore roses et pivoines
au printemps
Le printemps reconnaissant a accolé son nom
C'est la seule saison qui sache sa filiation!

Les hommes dépités de ne pouvoir le nommer
L'ont appelé le dieu Saturne ,maître des sabliers
Parfois c'est une clepsydre qui le fait s'écouler
Et, comme nul n'arrête le progrès il fut atomisé.

Peu me chaut que les électrons le puisse mesurer
Les hommes l'on même frappé d'alignement
Tout cela n'est qu'artifice qui asservit l'humanité
Ne dit-on pas, avec irrespect que le temps c'est de l'argent?

Mon temps ,celui que j'aime est un trublion,
Il me harcèle quand celle que j'aime est absente
Il chante un aria, une fugue, un andante
Quand contre sa peau de satin je connais l'ignition !

Senteurs de prunes,




Ce soir tes baisers avaient des senteurs de prune
Ils me transportèrent dans l'or d'un clair de lune
Était -ce l'Arcadie ou le jardin des Hespérides?
Le chant d'une rivière cristalline sans une ride?

Un monde étrange où s'épousent le rêve et l'harmonie
Un univers au sésame de tes bras qui s'ouvrent
Les mots d'amour y deviennent symphonie
Les caresses vont l'amble comme les enjambées d'une louve.

Le temps est mystifié par les langueurs ,la passion
J'ouïs les antiques trompettes de Jéricho
Qui abattent les murailles de nos égos
Une douceur sublime mâtine nos ignitions.

L'ombre ne saurait obscurcir l'éclat de ton regard
Tes yeux d'agates étoilées ouvrent une voie lactée
Celle des sonates et des lueurs diaprées
Je vais souffler à ton oreille l'essence de mes égards.

Le parfum léger qui ornent ta peau satinée
Senteurs de roses et addiction des opiacés
M'a asservi et nulle panacée ne saurait m'en guérir
Je sais que cet amour rien ne pourrait le flétrir !

Rêves d'orage et de pluie,




C'est comme une respiration que nous partageons
Quand nos baisers nous ouvrent des senteurs inouïes
Un parfum de menthe poivrées ouvre notre nuit
Dehors, une bise soufflète les frondaisons.

Nous écoutons ,serrés l'un contre l'autre ,l'hiver
Ce leitmotiv de froidure brillante et concertante
Eclairé par moments par d'argentés éclairs
Zébrant le ciel et claquant les cymbales du tonnerre.

Puis nous percevons la décrue de l'ire hivernale
Le piano aux notes sautillantes de la pluie
Joue la sonate cristalline des eaux lustrales
Le ruissellement des gouttes nous offre son clapotis.

La musique syncopée des arpèges diamantés
Donne un air jazzy de fringante bossa nova,
La harpe céleste fait s'envoler son aria,
La terre luisante engrange sa fécondité.

Les arbres à feuilles persistantes frissonnent ,
Une douce mélodie que notre ouïe moissonne,
La pluie aux bémols et aux dièses endormantes
Nous mène peu à peu au pays des Atlantes...

Rêveries en bossa nova

Un air de bossa nova a déployé ses arabesques
Et j'ai vu ta silhouette ,mandorle de douceur
Dans les soupirs d'un saxo enchanteur
Le flux et le reflux des notes dessinaient une fresque.

Comme une fumée argentée qui voltigeait
Ta silhouette semblait émerger éclatante
Ses mouvements suivaient le rythme qui swinguait
Dans un décor tropical aux couleurs coruscantes.

Une voix suave scandait l'ivresse des libidos
Graves et aigus s'unissaient en allegro
Le saxo ponctuait les pics et les decrescendos
L'amour sensuel descendait du Corcovado.

Un piano bastringue mimait les pas des danseurs
Va et vient de souplesses félines et rythmiques
Dans le fond sonore tapissant les langueurs
Hybride de caresses d'arpèges et de stylistique.

Bossa nova ,ressac de la baie de Rio
Tu entraînes mon âme en des golfes voyageurs
Où la lumière mordorée épouse l'indigo
Hymne hypnotique aux tropiques enchanteurs

Masque ultime

J'ai tenté, à travers ton masque mortuaire,
De deviner par quel itinéraire tu allais vers l'estuaire
Oú se jettent les ors de la vie à l'heure
Du dernier périple ,aux heures dernières.

Je n'ai trouvé sur ton visage aux yeux fermés
Qu'une fin de non-recevoir dans la fixité de marbre
D'un visage éteint qui semblait enfermé
Dans des abysses où vont des faces glabres.

Une barrière escarpée, des douves profondes
Parsèment le chemin ultime du parcours chthonien
Peut-être carrefour qui mène aux chemins de ronde
D'un séjour déployant à jamais des jours sereins.

Je ne sais ,mais mon sésame pour te retrouver
Est dans les prières que je sème à la dérobée
Une bouteille à la mer vers l'univers étrange
Que les sadhus empruntent sur les rives du Gange.

Vont-elles en poste restante sans retour
Où parviennent -telles à ceux qui nous ont quittés
Je ne sais mais parfois je sens à l'entour
Un je sais quoi, comme un message crypté

Un message de ma psyché partant à la billebaude
Vers ceux qui ont franchi le sombre fleuve
En un gué qu'ils connaissent en leur dernière épreuve
Parfois il me semble qu'une tutélaire présence rôde...

La nuit éclairée…

La nuit éclairée par les lueurs de pleine lune.
Illustrait l'allegretto de Claude Debussy
Le battement d'un cœur céleste et sa symphonie
Caressant les nuages d'argent alors que Saturne

Avait assigné les heures à l'impavide fixité,
D'un espace-temps suspendu au silence
D'une musique intérieure naissant d'une transcendance
Nappant l'éther sans l'ombre d'une dissonance.

Une brise respirait comme un vol d'arpèges
Au loin on voyait le frissonnement de la neige
Qui pulsait sur les montagnes maquillées d'organdi
Toile de fond gouachée qui resplendit.

L'enchantement des épousailles du jais qui luit
Avec l'ébène des ténèbres ,élégie du soleil enfui
Un adagio égrenant une andante qui chantait
L'hyménée impossible de Phoebus et de Séléné .

C'est le moment suave des souvenances grises
Qui flottent reliant le présent au passé extatique
Dans cette harmonie je songe à une femme exquise
Le parfum d'une rose de Damas en guise de viatique..

Bodhisattvas,

Il est des êtres que l'existence a malmenés
Et qui ,malgré leur fatum implacable
D'amour, de compassion sont encore capables,
Ils sont comme un phare dans une mer déchaînée.

Hiératiques ,impavides il nous montrent le chemin
D'une vie émaillée d'embûches, de traquenards
Avec la conviction qu'il n'est jamais trop tard
Pour rire, espérer ,aimer malgré nos chagrins.

Bodhisattvas lumineux, éclaireurs de bonheur
Leurs voix ,devenues assuétude ,charment nos jours
Un rempart escarpé contre le tour du malheur
Ils sont aussi le levain de nos amours.

Nos yeux décillés ne voient que le cristal de la pluie
Et le vent devient la caresse des jours incertains
La neige le reflet d'un jade blanc qui luit
La canicule la flamme d'une passion qui ne s'éteint!

Mon amour tu es de cette race, de cette lignée
Tu viens d'un ailleurs ,d'une forge céleste
Tes caresses sont du miel et tes gestes prestes
Sont l'arc en ciel qui éclaire le ciel après l'ondée

Pensées vagabondes

J'ai ouvert mon cœur aux pensées vagabondes
Celles qui, impénitentes, survolent la mappemonde
Voyageant dans l'éther, navigant sur les ondes
Grâce à elles je sais que la terre est ronde.

Parfois éclatant astronef ailleurs brigantine
Humant le vent stellaire et l'arôme de la terre
Bathyscaphe indigo intrigant des eaux cristallines
Ou plongeurs lumineux dans l'abysse des cratères.

Scrutateur des frêles radicelles des plus jolies fleurs
Sommelier des liqueurs émeraude des pétales
Nez indiscret des fragrances florales à mes heures
Plongeur des cénotes et des vagues de cristal.

Parfois visiteur béotien de la psyché des humains
J'apprends peu à peu le langage non verbal
Et la magie linguistique de l'inconscient mémorial
Des comportements de l'âme ,ce miroir sans tain.

Dans ma quête j'ai trouvé le plus beau des joyaux
Le diamant bleu de ton amour ,le jonc doré
Bracelet qui ceint ton poignet ciselé
La mélodie enchanteresse de ta voix adorée.

Etrangetés oniriques,

Un musique douce dans l'ébène de la nuit
Semble le message des nuages argentés
Se profilant dans la clarté lunaire qui luit
Une ode lyrique à la divine Séléné.

Cet aria, ce chant d'amour messager de ma passion,
De mon âme capturée, avait pris possession .
Le tempo de mes pensées qui t'était dédié
Comme un métronome envahissait ma psyché.

L'insomnie devenue messagère de mon attachement
Caracolait sans que je puisse y mettre un terme
Aucune issue sinon le sésame du poème
Qui clôt le leitmotiv de ton sourire charmant.

Arabesques ,contre- point du boléro de Ravel
Dont les notes mouvantes revenant sans cesse
Ont la magie d'un pendule d'hypnose charnelle
Va et vient de douceur voyageuse de tes caresses .

Comme l'oasis qui accueille le caravanier
La fraîcheur brûlante de tes baisers c'est l'hospitalité
Rassasiant l'affamé, désaltérant l'assoiffé
Dans l'immensité d'une voûte céleste bleutée.

Oxygène !

Être amoureux c'est être en anoxie quand l'aimée
Ne vous ventile pas de son vital oxygène
Son oxygène c'est des « je t'aime, je t'aimerai "
Les sourires de son âme qui éloignent la géhenne .

Le blues et le spleen dans un funeste tango
Spectres hideux dont les pas mortifères
Glissent lentement sur la piste et qu'une virago
Croque avec jouissance ta thymie délétère.

Amour tu éloignes le radeau de la méduse
Tu es l'alizé qui me pousse vers les rivages enchantés
Ta voix a la force guerrière des cornemuses
Et sous ton égide j'affronte les démons de psychés.

Portant tes couleurs comme les chevaliers d'antan
J'entre en lice sur un destrier vif comme Pégase !
Sans coup férir je vogue avec l'harmattan
Les esprits dépressifs, l'humeur saturnienne ,j'écrase.

A l'aube de mes combats j'aperçois l'azur
De ton être qui brille comme une opale de feu
Où le pourpre et le rubis battent la mesure
Des rayons pulsatiles qui se perdent dans tes yeux.

Méprise,


Tu croyais nos amours mortes ,mises en tombe
Mais fi du cercueil ,de la pierre et du linceul
C'était un cénotaphe, elles l'avaient fui en trombe
Nos âmes, par Aphrodite ,étaient mises sous tutelle.


Elles voyageaient ,à notre insu , dans nos mémoires
Et attendaient patiemment nos retrouvailles,
Nous allions tristes, claudiquant vaille que vaille
Ne sachant qu'Eros veillait sur nous matin et soir.

Le désespoir de l'absence était thuriféraire
De la profondeur de nos ineffables attachements
Tu n'étais plus là mais ta présence ubiquitaire
Assiégeait mon esprit d'un leitmotiv permanent.

J'ignorais qu'en silence nos âmes communiquaient
A notre insu elles disaient que nous nous aimions
Mais elles nous avaient assignés à la rédemption
De nos impertinences et des lazzis qui assiégeaient

L'enceinte de notre château en Espagne
Nous ignorions que ses douves profondes
Ses mâchicoulis et ses chemins de ronde
Avaient l'invincibilité des hautes montagnes....

Synesthésies printanières,

Le tintinnabulement d'une cloche au matin,
D'une fête printanière dans le vallon pyrénéen
C'est un allegro sostenuto de Vivaldi
C'est ,à l'aurore ,voir la chrysoprase du pré qui verdit.

La lumière a éveillé les pigments herbacés
Qui dormaient dans les ténèbres de la nuit
Elle a allumé l'orient argenté des perles de rosée,
Ce sont les noces du noir et du brillant qui luit.

Moineaux et fauvettes entonnent l'ut primesautier
Qui salue le retour éternel de l'aube vermeille
La brise matinale caresse les arbres fruitiers
Les senteurs de roses s'élèvent vers le soleil.

L'ode végétale embaume l'air de jasmin
La menthe sauvage souffle ses senteurs poivrés
Les cistes offrent leur blancheurs immaculées
Et les rhododendrons rouges rutilent de carmin.

Mélis-mélos d'atomes olfactifs vibrionnant ses couleurs
L'alchimie de l'aurore a charmé nos cœurs
C'est un bouquet de ce qui nous unit
Dans la contemplation de la nuit qui s'enfuit....

Septentrions amoureux,

La nostalgie semble surgir d'un soir d'hiver
Où le gris du ciel et les arbres défeuillés
Ont entonné l'adagio des matins endeuillés
La bise qui souffle ne le fait pas en mode mineur .

Le froid térébrant cire de brillance l'asphalte
Dans l'écho des venelles tristes mon âme fait halte
Et ton image prend des teintes d'estompe
Ta voix résonne sans que ses arpèges ne se rompent .

Comme la méditation de Thaïs de Massenet
L'enchantement mélodique de ta tessiture
Susurre ,mezza voce ,rendant le chemin sûr,
Les nuages sont apprêtés d'un gris oxydé.

L'écrin de la morte saison a recouvert de céruse
Le vallon assoupi qui semble s'être endormi
Le silence de tes lèvres ne joue pas de ruse
Pour m'offrir le parfum de ta bouche tiédie.

L'hiver a entretoisé la passerelle des amoureux
Et le froid hivernal incite au partage des chaleurs
Des corps enlacés par le désir partageur,
Je fuis le monde phénoménal dans l'agate de tes yeux.....

Songe éveillé

Une légèreté s'empare de mon âme
A l'évocation de tous nos jolis souvenirs
Un sourire apparaît ,brille pour repartir
Dans le creuset de mon vague à l'âme.

Une démarche élégante, un parfum de sillage
M'offrent le flamboyant bouquet d'un mirage
Déployant ses arabesques de brumes argentées
C'est le clair-obscur vibratoire d'un rêve éveillé.

Dans l'incertitude onirique des songes amoureux
La lumière musicale s'épanouit dans l'azur
D'un ciel aux mouvances nacrées dessinant l'épure
De ta voix veloutée et de ton sourire heureux.

Se propageant , l'onde de mes souvenances
Vagabonde à la billebaude dans une symphonie
Mâtinant le souffle d'une andante assoupie
A un allegro voyageant dans l'incandescence.

Un paysage gouaché d'un doux pastel
Où des amants heureux dansent une tarentelle
L'éclairage tamisé d'un tableau de Watteau
Semble éclairer de douceur mon âme à vau-l'eau.

Musicalité colorée,

La lune teintait le ciel d'un bleu outremer
Ses rayons argentés saupoudraient la mer.
La mélodie en ré mineur du ressac murmurait
Sur le sable brillant d'une grève qui luisait.

Les ténèbres agités par le vent qui frissonnait
Semblaient une toile de fond aux mouvances obscures
Une aubade de sérénité, une magie de sinécure ,
L'air marin aux senteurs iodées s'évaporait…

Le parfum maritime aux fragrances oniriques
Baignait de senteurs évanescentes l'azur,
Arabesques fugaces des lueurs de l'obscur
Qui se perdaient dans les crêtes des roches hiératiques.

La brisures des vagues mouvantes , éternelles
Claquaient ,scansions de timbre aigu
Orchestrant inlassablement l'élégante tarentelle
D'une respiration océanique jouant son impromptu.

Comme un diapason, comme le balancier pendulaire
Les heures bénies des méditations prenaient le la
Du rythme ensorcelant et thuriféraire
D'une sérénité mourant et renaissant là!

Synesthésies amoureuses,

Aimer c'est marcher au bord d'un précipice
Un vertige qui trouble ton âme et tes sens
C'est l'accueil d'une addiction subreptice
Un trouble serti de parfum et de fragrances.

Du sommet que tu gravis chaque jour
Un crépuscule au rougeoiement sublime
T'offre la luminance qui incendie les cimes
Entre ciel et terre tu apprends le sens de toujours.

Et lorsque l'aurore allume ses braises dorées
Tu découvres l'ignition d'un cosmos ignoré
Dans ton cœur scintille des flammèches de rosée
Un autel d'oblations se dresse dans ta psyché.

Une douceur ineffable de velours et de soie
Envahit ton âme et viole ton quant-à soi
Ta solitude s'est peu à peu muée en altérité
Son sourire ,sa voix sont passagers de clandestinité.

Le charme irrésistible de l'être aimé
A sublimé ta perception de l'existence
Du sens de la vie tu en perçois soudain l'essence
Tu vogues sur l'indigo berceur d'une mer illuminée..

Magie incantatoire,


C'était comme une respiration musicale
Un andante chaloupée qui levait l'ancre de mon âme
Libre de naviguer dans les flots d'une clarté astrale
Dont les pulsations battaient sous ton charme.


Ta voix enivrante me servit de fil d'Ariane
Dans le dédale labyrinthique de ton amour
Sans Minotaure mais parfumé de roses, de gentiane
Dans le bleu outremer qui voletait alentour


C'était le cristal saphir d'une mer Adriatique
Dont les vagues platines murmuraient des cantiques
Que nous étions seuls à entendre dans la transparence
D'une lumière diurne ,des nuits de phosphorescences.


Comme une prière s'élevant au firmament
Tes mots d'amour ceignaient mon altérité
Pour l'offrir sur l'autel de ton attachement
Un rapt doux et suave de toutes mes pensées.


Je voyageais alors dans la terra incognita
De l'élégance qui sertissait la délicatesse
Du philtre hypnotique de tes caresses
Voyage virtuel de Venise à l'île de Java.

Aimer c'est entendre…

Aimer c'est entendre une lumineuse mélodie
Un air de piano épousant un vibrato de violon
Notes liquidiennes et cristallines dans la nuit
Eveillant le poète endormi au chant d'un diapason

Qui rythme le va vient de mes pensées vers toi
Un arc en ciel nocturne s'est levé ,célébrant
L'union de deux âmes jumelles lévitant
Dans l'immanence qui conjugue le toi et moi.

Un eldorado défiant le diktat des points cardinaux
Un je ne sais quoi d'irréel et de présentiel
Une ombre transcendant les espaces et le réel
Une cinquième dimension flottant dans l'indigo…


Je ne saurais éclaircir le mystère de l'ubiquité
Obsédante, addictive qui a saisi ma psyché
Aussi étrange que la fuite de l'horizon
Qui offre sa mouvance au rêveur d'Océan.

Où me mène-t-il ce bateau fantôme ?
Quand son étrave de diamant sillonne les flots
Je ne sais... mais quel que soit ce radeau
Il suit le cap de l'univers de mon amour d'homme.

Symphonie concertante .

L'orage avait nappé de cristal la ramée
Lorsque ,désarmant ses éclairs il s'arrêta,
Le bruissement des feuilles alors prit le pas
Sous la semonce de la bise au souffle redoublé.


Les arbres secoués par le vent se mirent à danser
La chorale des frondaisons vers le ciel s'éleva
On eût dit que le végétal répondait aux nuées
Quand cessèrent les vociférations du ciel sépia.


Une pluie cadencée suivit son tempo claudicant
Lustrant la chrysoprase caressée par le vent
Le rythme à deux temps des gouttes jouant
Un air de marimba aux claquettes sonnant.


Puis le son liquide des tambourins cessa
La terre se parfuma de ses fragrances profondes
Qui remontèrent ,libérant ses senteurs vagabondes
Qui virevoltaient sur les roses et les camélias.


Le crépuscule pourpre se para d'un arc en ciel
La sérénité des éléments doucement s'installa
Quand le jais des ténèbres de lambeaux se para
Le monde de Séléné s'éclaira de rayons de miel.

Ton âme offre…


Ton âme offre à ma vue un parterre de fleurs,
Les roses violettes, les pivoines jaunes
Chantent en chœur une antienne de couleurs
Sous le soleil d'aurore mordoré de l'automne.

La brise a caressé la courbe de tes lèvres
Et ses fragrances ourlées, maquillées de fièvre
Ont dessiné l'épure d'une magie d'orfèvre
Ciselant les éclats de liqueur de genièvre.

Ta beauté joue avec la luminescence des heures
De l'obscur à la clarté c'est un livre d'heures
Que je feuillette matin et soir avec délice
Lorsque nos joutes amoureuses entrent en lice.

Les notes musicales des minutes qui s'égrènent
Sont parsemées des senteurs que j'aime
Tu distilles pour moi tes parfums de reine
Aux fragrances de seringa et de marjolaine.


La douceur de ta peau au velouté soyeux
Enchante mes mains et ma bouche aux aguets
Le soir qui tombe se vêt de tous ses apprêts
Car la lune complice nimbe d'argent les cieux.

Atmosphère,

Comme une cascade cristalline ma joie câline
A serti mes gestes d'une douceur qui t'effleure
Et voyage ,guidée par tes baisers grenadine
Va et vient subreptice sur le velours d'une fleur.

Dans la tiédeur envoûtante du clair-obscur,
Nous errons de Cythère à Borobudur
Avec notre passion éthérée pour véhicule
Dans le saphir padparadja du crépuscule.

Les arabesques musicales des mots d'amour
Ont tissé l'andante suave d'une symphonie
Qui va l'amble quand tu dévoiles tes atours
C'est mélodie en mode mineur d'une harmonie .

Je n'oublierais jamais l'écho d'un tambour
Qui chantournait la beauté de tes contours
Dessinant dans la pénombre le parcours
D'une carte du tendre de jasmin et de velours.

Pour toujours ces farandoles hanteront mes pensées.
Comme un tableau idyllique d'Antoine Watteau
Ou les saynètes intimistes de François Boucher
Chanteront l'allegro de mon cœur allant à vau -l'eau !

Quand les dormeurs paisibles…


Quand les dormeurs paisibles se lovent sans soucis
Dans les bras d'un Morphée aux douceurs accueillantes
Le poète entend l'adagio et l'andante
Des premiers vers d'un quatrain qui frémit.


L'urgence de la syllabe rythme ses insomnies
Et le vers frétillant aux épîtres dictatoires
Impose sa férule au sommeil illusoire
Chétive chaloupe qui coule chaque soir..


Dans le tohu-bohu ou dans l'exil libératoire
L'allégorie du poème dicte ses mémoires
Tenant en sa férule la main sur l'écritoire
Qui déroule sur le vélin le fil de son histoire .


C'est une élégie qui pleure les déboires
Des disparus victimes d'un fatum dérisoire
Ou un quatrain léger qui gigote dans le noir
C'est une rose pourpre ou un pétunia noir


Qui fleurissent  l'amour courtois et l'encensoir
D'où s'échappent en fumée des secrets de grimoires
Qui hantent  les âmes et leur offrent des sautoirs
D'améthystes violettes et de diamants noirs.

Symphonie d'aurore

La lumière naissante semblait l'orée d'une symphonie
Et les rayons du soleil en mode mineur
Éclairaient doucement les arbres dans la tiédeur
D'une lumière diaprée aux reflets d'organdi.

La brise jouait sa partition de flûte traversière
Et ridait le cours cristallin de la rivière
Qui léchait les berges aux ajoncs pointus
Le souffle des feuilles jouait son impromptu.

Tout n'était qu'épousailles du son et lumière
Qui dansait une pavane parfumée d'herbacées
L'odeur rauque de la terre mâtinée de rosée
Éveillait les senteurs d'une menthe primesautière.

Ainsi auréolé de fragrances printanières
L'astre solaire menait son doux madrigal
Dont les arabesques d'argent ,mouvant récital,
Se déployait en nappe aux confins des clairières.

Puis l'aube se mourrait en un chant vermeil
Au zénith resplendissait l'écrin de platine
Attisant l'éclats des roses adamantines
Qui jonchaient le butinement moiré des abeilles...

Contraste poétique ,

Le poème n'est-il pas la rencontre du visible
Et de l'invisible, du parfum et de l'inodore ?
Du spectre de la couleur et de l'incolore?
De ce qui se dit ,de ce qui est intraduisible !


N'est- il pas union de mélancolie et d'euphorie
N'est- il pas ton sourire et tes larmes attendries
La douceur de tes lèvres et ta détermination
N'est- il pas une lave de volcan ,une ignition ?


Parfois l'adagio d'Albinoni t'enveloppe
Quand ton humeur vagabonde dans la brume sombre.
Parfois la musique de Vivaldi qui t'escorte
Va concertant quand tu lâches la bonde!


Ton âme ressemblent aux paysages changeants
Qui égarent le voyageur perdu dans un no man's land
Où le Fog se marie à l'éclat d'un soleil triomphant.


En tes mains tu tiens le cerf-volant de ma psyché
Qui suit les ascendants de tes caresses
Et vogue en palpitant sous le souffle de l'ivresse
Dans les philtres que toi seule fais fermenter.

Eveil de la forêt,

La forêt s'éveillait d'une nuit étoilée
La symphonie lumineuse et diaprée
S'était faufilée lentement dans l'orée
Et poudrait les clairières d'un halo doré.

Le chant de la hêtraie aux flûtes de la brise
Faisait frissonner ses feuillages d'émeraude
Et le soleil dépêchait ses éclats en pluie chaude
En ces bouillonnements cristallins qu'il irise.

L'astre solaire grimpait en altitude zénithale
Les jonchées de feuilles mortes s'éclairaient
Et sous mes pas elles crissaient d'un râle léthal
Elles s'en allaient vers l'exil chthonien fatal.

Chemin faisant le gazouillis des oiseaux
Orchestrait le chant de la sylve éveillée
C'était l'instant ou les sylphides se cachaient
Entonnant dans l'ombre tutélaire leurs oratorios.

Il me semblait percevoir la pulsation rythmique
D'une vie secrète venue de l'horizon,
Un message diffus, secret, hiéroglyphique
S'écrivant en lettres végétales sur les frondaisons.

Évanescences musicale ,

L'aurore ,symphonie en la bémol majeur
Déployait ses notes comme un impromptu de Schubert
La lumière rasante faisait sonner la rosée
Son ruban de perle d'argent scintillait.

Le souffle parfumé des herbes et des prés
Se mêlait aux jeux diaprés des fleurs et du soleil
Une farandole de menthe poivrée et de salsepareilles
Embaumait l'air frais d'une aube qui chantonnait.

Mezza voce ,la brise sifflait un aria cristallin
Et les « feuilles violons » répondaient à cet archet
Le frissonnement des ramées,ode du matin ,
Ornait de dièses et de bémols l'azur diamanté.

La chorale des merles et celle des rossignols
Offrait son madrigal gouailleur en mode mineur
Peu à peu la symphonie prenait de l'ampleur
Dans la luminescence vibrante d'une farandole.

Phoebus cheminait vers l'apogée zénithal
Éveillant la luminance des plaines et des forêts
Une sonate de pivoines et de digitales
Embrasait la vibration pourprée des roseraies.

Le tempo musical s'apaisait au coucher du soleil
Le ballet des ombres mouvantes et incertaines
Cernait d'ébène les rehauts des plaines
Et le crépuscule se parait d'une couleur de miel.

Spleen ,

En l'absence de ton parfum et de tes yeux
Le temps a ralenti son cours impétueux
Et la pendule fait lentement entendre la vacuité
De mon existence loin de celle qui m'a charmé...

J'entends Matt Monro qui chante la mélancolie
Des jours vains et du saccage de l'oubli
Orphelins de tes caresses et de tes senteurs
Je deviens comme ce joli saule qui pleure.

L'aplat des champs de lin et de tournesol
Ont perdu à mes yeux leurs pigments de feu
Et le lapis de l'azur a déserté les cieux
Une monochromie incolore a trouvé sa clé de sol.

Un adagio distille ses bémols jour et nuit
Un boléro fait danser la cohorte des chameaux
Je suis ,dans mes rêves ,un caravanier qui fuit
Une tempête de sable et son train au galop.

La chute d'un sommeil lourd a fermé le rideau
De ma thymie ombrageuse et le soleil falot
Maquille de gris une psyché à vau-l'eau
Dans les souvenirs et les espoirs disparus tout de go!

Pages

2)Danse et chant flamenco
3)Symphonie nocturne
4)Beauté?
5)Lumière hivernale
6)Ô tempora
7)Senteurs de prunes
8)Rêves d'orage et de pluie
9)Rêveries en bossa nova
10)Masque ultime
11)La nuit éclairée
12)Bodhisattvas
13)Pensées vagabondes
14)Etrangetés oniriques
15)Oxygène
16)Méprise
17)Synesthésies printanières
18)Septentrions amoureux
19)Songe éveillé
20)Musicalité colorée
21)Synesthésies amoureuses
22)Magie incantatoire
23)Aimer c'est entendre.
24)Symphonie concertante
25)Ton âme offre
26)Atmosphère
27)Quand les dormeurs paisibles
28)Symphonie d'aurore
29)Contraste poétique
30)Eveil de la forêt
31)Évanescence musicale
32)Spleen

© 2021, Alain Martinez del Pino
Édition : BoD – Books on Demand,
12/14 rond-point des Champs-Élysées, 75008 Paris
Impression : BoD – Books on Demand,
Norderstedt, Allemagne
ISBN : 9782322266890
Dépôt légal : juillet 2021